AF176185

Liebevoll ausgesuchte

Hundenamen

Von

Julia Tiedemann

Impressum

Bibliografische Information der Deutschen Nationalbibliothek:
Die Deutsche Nationalbibliothek verzeichnet diese Publikation in der Deutschen Nationalbibliografie; detaillierte bibliografische Daten sind im Internet über http://dnb.dnb.de abrufbar.

Herstellung und Verlag: BoD – Books on Demand, Norderstedt

ISBN: 9783752862027

Vorwort

Einem Lebewesen einen Namen zu geben ist ein ganz besonderer Moment. Oftmals steht der Einzug eines neuen Familienmitgliedes bereits seit Wochen oder gar Monaten fest und alle haben ihre eigene Vorstellung davon, wie der neue Vierbeiner heißen soll. Manchmal sind die Ideen so mannichfaltig, dass man sich kaum entscheiden kann und man kurzerhand beschließt das Losverfahren zu verwenden. Und trotzdem kann es dann vorkommen, dass der Name am Tag des Einzuges noch einmal geändert wird, weil man plötzlich findet, dass doch ein anderer Name besser passt.

Jeder wählt einen Namen nach seinen eigenen Kriterien aus. Von „Pups" über „Katze" bis „Stracciatella" habe ich schon alles gehört. In diesem Buch ist eine Vielzahl von Namen zu finden, die nach besonderen Kriterien ausgewählt sind. Es geht hierbei nicht darum, wer den kuriosesten Namen hat. Ob jemand seinen Hund nach einem Gemüse oder einer unschmeichelhaften Charaktereigenschaft benennt, ist jedem selbst überlassen, doch in diesem Buch sind derartige Namen nicht zu finden.

Die Namen in diesem Buch sind kurz und einfach auszusprechen. Bis jemand „Rumpelstilzchen" ausgesprochen hat, ist der Hund bereits über alle Berge. Auch eine Dopplung oder zu große Ähnlichkeit mit besonders beliebten Namen habe ich vermieden. Welcher „Jack" oder „Teddy" auf der Wiese darf es denn sein? Und trotzdem sind die Namen besonders. Bei jedem Namen der hier zu finden ist, habe ich mir vorgestellt, wie jemand einen Hund so ruft. Ein Name, der dieser Vorstellung nicht entsprach, wo es sogar absurd schien einen Hund so zu rufen, fiel von vornherein durch in der Auswahl.

Jeder Name auf den folgenden Seiten, passte in meiner Vorstellung zu unseren Fellnasen. Und das, finde ich, ist das Wichtigste.

Rüdennamen

Aaron
Abu
Achill
Acun
Agash
Aiden
Ajax
Akula
Alastor
Aldo

Alfons
Alvin
Amadeus
Amon
Anduin
Anik
Anteo

Rüdennamen

Araldo
Archie
Artemis
Artus

Ash
Ashoka
Astor
Azaros
Azzuro

Hündinnennamen

Aada
Aamina
Abeni
Adele
Adina
Adora
Agapi
Agatha

Aggi
Ahri
Aika
Ayla
Aimee

Hündinnennamen

Aja
Ala
Alba
Alessa

Alex
Alice
Amari
Amber
Amica
Amke

Hündinnennamen

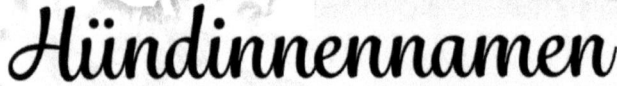

Anne
Anouk
April
Arielle
Asta
Astra
Athene

Amaya
Amrei

Rüdennamen

Bender
Benito
Berk
Bernd
Blaise
Braxton
Burt
Byron

Bader
Baker
Barnabas
Basem
Batu

Hündinnennamen

Betty
Bijou
Birka
Blix
Branka
Bree

Babette
Barona
Becky
Belka

Hinweis!

Der Name eines Hundes sollte kurz und leicht auszusprechen sein. Natürlich kann man seinen Hund Anastasia nennen, aber der Rufname sollte dann zum Beispiel Anna sein.

So gehen Sie sicher, dass Sie ihren Hund auch in brennzligen Situationen schnell rufen können.

Rüdennamen

Caillou
Caleb
Calimero
Callisto

Cedrick
Chester
Clarence
Clark
Clint
Collin
Conan
Conner

Hündinnennamen

Caissy
Calla
Carmina
Cassidy
Ceres

Chana
Chanel
Chiara
Chiyo
Cho
Claire
Clover
Colette
Conny
Coralie

Hinweis!

Der Name eines Hundes sollte keine zu große Ähnlichkeit mit seinen Kommandos haben.

Der Name „Fratz" und das Kommando „Platz" sind sich sehr ähnlich. Der Hund könnte sie verwechseln.

Rüdennamen

Damien
Damir
Darwin

Dempsey
Desmond
Dilgesh
Dixon
Dragomir

Hündinnennamen

Dagny
Dahlia
Daphne
Darcie
Delani

Dina
Dora
Drew
Dunja

Hinweis!

Der Name eines Hundes sollte auch in ein paar Jahren noch passen. Daher sollten Sie sich bei der Wahl des Namens vorstellen, ob Sie ihren Hund immer noch Krümel nennen möchten, wenn er ausgewachsen ist.

Rüdennamen

Edon

Eero

Eldar

Elliot

Emre

Erasmo

Erko

Ernst

Erol

Eugene

Ezrael

Hündinnennamen

Eiko
Ejona
Elda
Elissa
Elke

Ebony
Ebru
Edith

Elma
Elsa

Hündinnennamen

Esme
Ester
Eunice
Europa

Elula
Emina
Enya
Ephira
Eponine
Erna

Rüdennamen

Falk
Fargo
Faust
Fedder
Feivel

Floyd
Ford
Foster
Fridjof
Frieder

Hündinnennamen

Fabia
Fabiola
Fahira

Fajar
Falbala
Famke
Fantine
Fara
Fay

Hündinnennamen

Fenja

Fergie

Finka

Fiona

Flavia

Fleur

Flora

Foxy

Franka

Freya

Frieda

Fuki

Fynnja

Rüdennamen

Gafur
Gaio
Garcia
Garvey

Gaspard
Gaston
Gellért
Genaro
George
Godot
Graham
Gumbert

Hündinnennamen

Galina
Georgie
Gerda
Germina
Gertrud
Gia

Gabi
Gaia
Gala

Hündinnennamen

Ginger
Gitte
Glenda
Gloria

Grace
Gretel
Gulya
Gundel
Gwynna

Rüdenennamen

Haakon
Hagen
Haldor
Hamlet

Harvey
Hazar
Hermes
Hicks
Hitoshi
Homer
Howard
Hyperion

Hündinnennamen

Hailey
Hakima
Hanni
Harriet
Harumi
Hattie
Hazel
Heide

Hephzibah
Herma
Hilda
Hiromi
Hope
Hürriyet

Hinweis!

Um Verwechslungen auf dem Hundeplatz zu vermeiden, sollte der Name Ihres Hundes selten sein. Wer weiß schon wieviele Hunde sonst mit einem nach Hause kommen, wenn man „Teddy" ruft?

Rüdennamen

Imko
Ippolito
Iron
Jago
Isidor
Ibo
Israel
Ignaz
Ilon

Hündinnennamen

Icy
Ilka
Ilona
Ilse
Imani
Imelda
Imke
Indira

Ingrid
Iris
Irma
Isolde
Ivette
Izumi

Hinweis!

Luna, Balu, Buddy und Emma führen die Liste der beliebtesten Hundenamen an. Sie kennen bestimmt auch einen Hund mit diesem Namen.
Auch Teddy, Jack und Charly stehen sehr hoch im Kurs.

Rüdennamen

Jabar	Jenaro
Jacopo	Jesko
Jadoo	John
Jafar	Jotaro
Jamiro	Juro
Janko	
Janus	
Jascha	

Hündinnennamen

Jalda

Jane

Janke

Jasmin

Jelka

Jodie

Josi

Jördis

Judith

Jules

Julie

Junis

Hinweis!

Kommt Ihr Hund aus einer Zucht, hat er mit Sicherheit einen Zwingernamen. Dieser beginnt mit dem Buchstaben, der der Anzahl der Würfe entspricht. Ist es zum Beispiel der Fünfte Wurf einer Hündin, beginnen alle Welpennamen mit E.

Rüdennamen

Kaito
Kaleo
Kassim
Keanu
Khidash

Kingston
Kimaro
Kjell
Kolja
Kornelius
Kurby

Hündinnennamen

Kacey
Kadra
Käthe
Kagami

Kaguya   Karin
Kalani   Karla
Kali   Kate
Kalinka   Keiko

Hündinnennamen

Kelly
Kerry
Khadir

Klara
Kordula
Kunigunde
Kyla
Kysha

Rüdennamen

Leron
Leyton
Liroy
Lobo
Luigi
Luis
Luther

Lambert
Lando
Laszlo
Lazarus
Leif

Hündinnennamen

Lacie
Laksha
Larissa
Laska
Latoya

Laura
Lavinia
Lemonie
Lene
Leni
Lenke
Lettice

Hündinnennamen

Lexi
Leyla
Liese
Lilith
Lille

Linda
Liz
Lorana
Lorelei
Lori
Lou
Lourdes

Hündinnennamen

Lova
Lovis
Luba
Lucill
Ludmilla
Lumi
Lupine

Hinweis!

Sie können den Namen eines Hundes jederzeit ändern. Ihr Hund muss nur auf den neuen Namen konditioniert werden, wie beim Kommando „Sitz". Allerdings sollte der Name nicht zu oft gewechselt werden.

Rüdennamen

Malcom
Malik
Malvin
Marat

Mac   Marius
Magnus   Marquis
Mago   Mars

Rüdennamen

Marshall
Marty
Mateo
Maurice
McCoy   Moktar
Merlin   Mombert
Michel   Moritz
Midas   Moses
Miko   Murray
Miraz

Hündinnennamen

Madita
Mafalda

Magda
Makeda

Mako
Malika
Marcie
Margaux

Marica
Marietta

Marilla
Marishka

Hündinnennamen

Marlou	Mavis
Marsha	May
Marta	McKenzie
Mascha	Meaghan
Matilda	Melba
Maud	Melitta

Hündinnennamen

Mercy
Merete
Mieke
Minoo
Misty
Mizzi

Moira
Monika
Mulan
Myrte

Rüdennamen

Najuk	Nauke
Nando	Nepomuk
Nanuk	Nestor
Naresh	Newton
Nash	Nikos
	Nyo

Hündinnennamen

Nauka
Nerida
Nadja   Nesrin
Nadra   Nicky
Nakita   Nieke
Nannette   Nima
Narami   Nizza
Naru   Noomi
Natsu   Nora
               Nubia
               Nudem
               Nyx

Hinweis!

Den richtigen Namen für ein Lebewesen zu finden kann sehr schwer sein.
Oft ändert sich eine Entscheidug noch, nachdem der Hund bei einem eingezogen ist und man ihn längere Zeit beobachtet hat.

Rüdennamen

Oberon
Obito
Odan
Odo
Okan
Ole
Oliver
Omo
Ossip
Oswald

Hündinnennamen

Odeta
Odine
Oliv
Olsa

Oonagh
Orit
Oxana

Hinweis!

Der berühmteste Hund hieß Balto. Er war der Leithund, der in Alaska ein wichtiges Medikament mit dem Schlitten nach Nome brachte. Aber auch Hachiko zählt zu den Stars unter den Hunden.

Rüdennamen

Pablo
Paco
Pan
Pares
Payton
Peer
Pelino
Percy

Perk
Perseus
Phobos
Phuc
Pilo
Pim
Porter
Pujan

Hündinnennamen

Perrie
Petula
Phillis
Phoebe
Piper
Padma   Pola
Page   Pooja
Pamuk   Poppy
Pargol   Prue
            Putri

Hündinnennamen

Rachel
Raika
Raja
Raven
Reena

Rei
Reneé
Rezal
Ria
Rieke
Riina
Rin

Hündinnennamen

Risa
Roberta
Robin
Roda
Romi
Ronja

Rosel
Rosha
Ruba
Ruby
Ruschka

Hinweis!

Meine Lieblingsnamen sind zum Beispiel „Jane" und „Arthur" nach den Autoren „Jane Austen" und „Conan Arthur Doyle". Vielleicht haben Sie ja auch einen Lieblingsautor oder Schauspieler, der als Namensgeber dienen könnte?

Rüdennamen

Rafiki	Rasmus
Raik	Ray
Rajah	Raziel
Ralph	Remo
Ramses	Reza
Randall	Rhett

Rüdennamen

Rimbert
Riyad
Rito
Robin

Rohan
Ross
Ruben
Rufus
Rupert
Rüdiger

Hündinnennamen

Rachel
Raika
Raja
Raven
Reena

Rei
Reneé
Rezal
Ria
Rieke
Riina
Rin

Hündinnennamen

Risa
Roberta
Robin
Roda
Romi
Ronja

Rosel
Rosha
Ruba
Ruby
Ruschka

Hinweis!

Was für eine Überraschung!
Auch in Australien stehen
Charlie, Buddy und Bella ganz
weit oben auf der Liste der
beliebtesten Hundenamen.
Interessant, dass am anderen
Ende der Welt die gleichen
Namen bevorzugt werden.

Rüdennamen

Sadko
Safet
Saji
Saro
Saul
Schimon
Schorsch
Scott

Seth
Sheldon
Shin
Shito
Sid

Rüdennamen

Silas
Sindbad
Sly
Socrates

Sorley
Spencer
Stavros
Stuart
Sullyvan

Hündinnennamen

Sabah	
Sabia	Saray
Sadira	Scarlett
Salvia	Schirin
Samira	Selay
Santana	Serina
Saphira	Shani

Hündinnennamen

Sheila
Shelby
Sienna
Silke
Silva

Sky
Smilla
Sohra
Sue
Sumi

Hinweis!

Modern, klassisch oder extravagant? Sammeln Sie die Namen und warten Sie mit der endgültigen Entscheidung bis der Liebling ein paar Tage bei Ihnen ist. Manchmal erledigt sich das Problem dann von selbst.

Rüdennamen

Tatius
Terence
Tadeo
Taio
Thanos
Tibbe
Tamaro
Tibor
Tamo
Tillmann
Tarek
Tito
Tristan
Triton
Truman

Hündinnennamen

Tahnee
Tally
Tamba
Tasmin
Temke
Tenya
Thekla
Theta
Theya
Tilbe

Tilda
Tomma
Tonya
Trish
Trudi
Tuba
Tuula

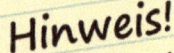

Hinweis!

Am besten hat der Name nur zwei Silben und eine Mischung aus Vokalen wie „a" und „e" und harten Konsonanten wie „t" und „z".
Der Hund damit leichter zu konditionieren und zu rufen. Längere Namen sind auch möglich, sollten aber einen kurzen Spitznamen mitbringen.

Rüdennamen

Umberto
Uriel
Uros

Wallace
Wessel
Wilbert
Woody
Wotan

Vasco
Verus
Victor
Viggo
Vincent
Vukan

Hündinnennamen

Ubah
Ulla
Uma
Undine
Ursel
Ute

Wadha
Wally
Wanda
Willow
Wilma
Wolke

Valka
Vally
Vaya
Velvet
Veruca

Hinweis!

Lassen Sie sich manche Namen aus diesem Buch ruhig zweimal durch den Kopf gehen. Einige Namen brauchen einen Moment, bis man sie schätzen lernt. Wie bei einem guten Song.

Rüdennamen

Xanthos
Xerxes

Yanko

Zargo
Zeki
Zino